CANENTE,

TRAGEDIE

REPRESENTE'E

PAR L'ACADEMIE ROYALE

DE MUSIQUE,

Le quatriéme jour de Novembre 1700.

A PARIS,

Chez CHRISTOPHE BALLARD, seul Imprimeur
du Roy pour la Musique, ruë Saint Jean
de Beauvais, au Mont-Parnasse.

M. DCC.

PERSONNAGES
DU PROLOGUE.

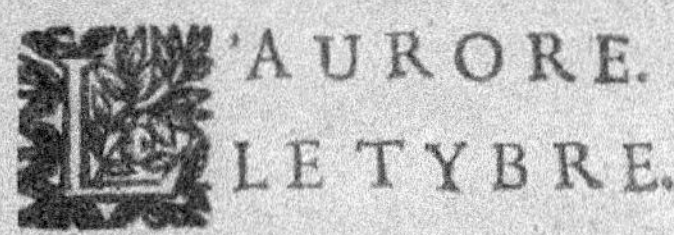

L'AURORE. Mademoiselle Maupin.

LE TYBRE. Monsieur Ardoüin.

VERTUMNE. Monsieur Dun.

CHOEURS DU PROLOGUE.

SECOND RANG.   PREMIER RANG.

MESDEMOISELLES

Second Rang	Premier Rang
Cenet.	Desmâtins la cadette.
Favier.	Heusé.
L'Alleman.	Du Lac.
Du Val.	Loignon.
Du Peray.	Gherardy.

MESSIEURS

Second Rang	Premier Rang
Du Mont.	Granvaux.
Paris.	Cadot.
Le Jeune.	Jolain.
Prunier.	Labé.
Pilon.	Fournier.
Frere.	Brunet.
Gaudechot.	Mantienne.
Courteil.	Le Brun.
Buhot.	Arnaud.
Renard.	Joanno.
Moreau.	Des Voix.
Heuqueville.	Thomas.
Dormet.	La Coste.

<hr>

DIVERTISSEMENT
du Prologue.

DIANE.

Mademoiselle Subligny.

Suite de Diane.

Mesdemoiselles Desplaces, Dangeville, Victoire
& Rose.

FLORE.

Mademoiselle Du Fort.

Suite de Flore.

Mesdemoiselles Freville, Le Maire, Desmâtins, Ruelle,
Chapelle & le Brun.

PROLOGUE.

Le Theatre Represente Fontainebleau, du costé du Parterre du Tybre & les boccages d'alentour, où les Silvains sont endormis.

L'AURORE.

Uyez, Ombres, fuyez, cedez à la Lumiere,
Laissez-moy commencer le jour ;
D'un Astre plus brillant j'annonce le retour ;
Contente d'ouvrir sa carriere,
Je vais bien-tôt luy ceder à mon tour.

Fuyez, Ombres, fuyez, cedez à la Lumiere,
Laissez-moy commencer le jour.

CHOEUR DES SYLVAINS.

Eveillons-nous, éveillons-nous ;
L'Aurore nous appelle,
Non, le sommeil n'est pas si doux
Que la Lumiere est belle.

ẽ

PROLOGUE.
L'AURORE.

Sylvains, empreſſez-vous d'embellir ce ſéjour.
Que le Dieu des Jardins, que Diane, que Flore,
Viennent à l'envy faire briller leur Cour.
Le beau jour qu'annonce l'Aurore
Doit vous offrir encore
Un ſpectacle pour vous plus charmant que le jour.
Vôtre Heros revient dans ces campagnes ;
La Gloire & la Vertu ſont ſes dignes compagnes ;
Et pour ſe delaſſer de ſes nobles travaux,
Il en vient en ces lieux mediter de nouveaux.

VERTUMNE.

Venez, aimables Dieux, ſecondez ma puiſſance ;
Que ce ſéjour ſoit digne de ſes yeux :
Et pour meriter ſa preſence,
Qu'il égalle celuy des Dieux.

Diane & Flore viennent avec leurs Nymphes ſeconder les ſoins de Vertumne. On voit naître de nouveaux Berceaux, des Termes & des Statuës qui embelliſſent les Jardins.

VERTUMNE.

Celebrez ſon nom, chantez tous ;
Faites en à l'envy retentir ces boccages :
Oyſeaux, à nos chants les plus doux,
Mêlez vos plus tendres ramages ;
Et vous, Echos, reveillez-vous,
Celebrez ſa Gloire avec nous.

PROLOGUE.

LE CHOEUR.

Celebrons son nom, chantons tous ;
Faisons en à l'envy retentir ces boccages :
Oyseaux, à nos chants les plus doux,
Mêlez vos plus tendres ramages :
Et vous, Echos, reveillez-vous,
Celebrez sa Gloire avec nous.

LE TYBRE.

Jadis les favoris de Mars
Habitoient mes fameuses Rives ;
Cent fois parmi mes flots leurs ennemis épars
Ont retardé mes ondes fugitives :
Et j'entendois les voix plaintives
Des Heros & des Roys enchaînez à leurs Chars ;
Mais malgré l'éclat de leur gloire,
Cet Empire joüit d'un Roy plus glorieux,
Et ce Heros est plus grand à mes yeux
Qu'ils ne le sont à ma memoire.

VERTUMNE.

Puisse-t'il voir cent fois refleurir ces berceaux ;
Puisse-t'il mille fois entendre les Oyseaux
Celebrer du Printemps le retour favorable :
Et que le peuple heureux qui joüit de ses loix,
Sous son Regne à jamais durable,
Se renouvelle mille fois.

PROLOGUE.
LE CHOEUR.

Chantons, redoublons nos concerts,
Que toutes les voix nous secondent ;
Du bruit de ses vertus remplissons l'Univers ;
Que la Terre, les Mers & les Cieux nous répondent.

LE TYBRE.

Joignons-nous, profitons icy de son repos ;
Qu'un spectacle charmant aujourd'huy luy retrace
L'origine de ces Heros
Que la Terre adoroit & que luy seul efface.

FIN DU PROLOGUE.

ACTEURS
DE LA TRAGEDIE.

PICUS.   Monsieur Thevenard.

CANENTE.   Mademoiselle Moreau.

CIRCE'.   Mademoiselle Desmâtins.

LE TYBRE.   Monsieur Ardoüin.

SATURNE.   Monsieur Dun.

NERINE. *Confidente de Circé.*   Mademoiselle Maupin.

LA NUIT.   Mademoiselle Maupin.

L'AMOUR.   Mademoiselle Loignon.

UN DIEU DE FLEUVE.   Monsieur Boutelou.

UN RUISSEAU.   Monsieur Piton.

ALECTON.   Monsieur Arnauld.

ERINNIS.   Monsieur Des Voix.   } *Les trois Furies.*

MEGERE.   Monsieur Fournier.

CHOEURS DE LA TRAGEDIE.

MESDEMOISELLES

Second Rang	Premier Rang
Cenet.	Desmâtins la cadete.
Favier.	Heusé.
L'Alleman.	Du Lac.
Du Val.	Loignon.
Du Peray;	Gherardy.

MESSIEURS

Second Rang	Premier Rang
Du Mont.	Granvaux.
Paris.	Cadot.
Le Jeune.	Jolain.
Prunier.	Labé.
Pilon.	Fournier.
Frere.	Brunet.
Gaudechot.	Mantienne.
Courteil.	Le Brun.
Buhot.	Arnaud.
Renard.	Joanno.
Moreau.	Des Voix.
Heuqueville.	Thomas.
Dormet.	La Coste.

DIVERTISSEMENTS

de la Tragedie.

PREMIER ACTE.

LES QUATRE AGES.

L'AGE D'OR. Monſieur Dumirail.
Meſſieurs Bouteville & Germain.

L'AGE D'ARGENT.

Meſdemoiſelles Deſplaces, Dangeville, Victoire, Roſe,
Freville & Chapelle.

L'AGE D'ERAIN.

Meſſieurs Ferrand, Blondy, Dumoulin l'aîné & Barazé.

L'AGE DE FER.

Repreſenté par les Chœurs.

DEUXIE'ME ACTE.

Dieux de Ruiſſeaux.

Monſieur Balon.
Meſſieurs Germain, Dumoulin l'aîné, Ferrand & Blondy.

Nymphes de Fontaines.

Meſdemoiſelles Subligny & Du Fort.
Meſdemoiſelles Freville, Le Maire, Roſe & Deſmâtins.

TROISIE'ME ACTE.

Ministres des Fureurs de Circé.

Monsieur Dumoulin cadet.

Messieurs Ferrand, Barazé, Courcelles, Dumay,
La Pierre & Javilliers.

Plaisirs, Amours & Jeux.

Messieurs Bouteville, Barrazé, Dumoulin l'aîné & Fauveau.
Mesdemoiselles Dangeville, Rose, Freville & Le Maire.

QUATRIE'ME ACTE.

Magiciens & Magiciennes.
Monsieur Blondy.

Messieurs Dumirail, Germain, Bouteville,
& Dumoulin l'aîné.

Mesdemoiselles Desplaces, Dangeville, Victoire, Rose,
Freville & Le Maire.

CINQUIE'ME ACTE.

Furies, sous la forme de Plaisirs.

Monsieur Pecourt.

Messieurs Bouteville, Germain, Dumirail, Dumoulin-
cadet, Ferrand & Blondy.

Mesdemoiselles Subligny, Du Fort, Desplaces,
Dangeville, Victoire & Rose.

CANENTE

CANENTE,
TRAGEDIE.

ACTE PREMIER,

Le Theatre Represente le Temple de Saturne.

SCENE PREMIERE.
CIRCE', NERINE.
NERINE.

Icus va vous devoir un Trône glorieux,
Un peuple independant cesse pour luy de
　l'être,
On va le proclamer à la face des Dieux,
Et c'est par vos conseils qu'on le choisit pour maître.

Circé, m'est-il permis de lire en vôtre cœur
　D'ou naissent vos soins pour sa gloire?

A

CIRCÉ.

Tu crois que c'est l'effet d'une secrette ardeur;
Ah ! Picus sera-t'il le dernier à le croire ?

NERINE.

Qu'entends-je ? il est donc vray qu'il est vôtre vain-
    queur,
    Et vous me l'avoüez vous-même.

CIRCÉ.

Tu sçais que je l'ay vû, doutes-tu que je l'aime ?

    Dans les forests voisines de ces lieux
Je cherchois ces poisons dont je forme mes charmes,
    Tandis que de ces bois les hôtes furieux
Fuïoient devant Picus l'atteinte de ses armes :
Je le vis , ses regards troublerent ma raison,
Mon cœur devint sa proye & l'Amour mon poison.

NERINE.

Rejettez ce poison que l'Amour vous presente
Le Heros qui vous charme est soûmis à Canente

Il trouve dans ses yeux ses plaisirs & ses maux ;
Et ses feux sont payez par des flâmes égales ;
    Il l'emporte sur cent rivaux
    Et la prefere à cent rivales.

    Est-il instruit de vôtre feu ?

CIRCÉ.

C'est par mes seuls bien-faits que j'en ay fait l'aveu.

Tout devroit le forcer à me rendre les armes
C'est par moy qu'il regne en ce jour
Helas ! sera-ce en vain que j'ajoûte à mes charmes
Tant de bien-faits & tant d'amour.

N'ay-je pour le flechir que d'impuissantes armes !
Mais on vient, voy ce Prince & comprend mon ar-
deur,
Un Dieu même seroit moins digne de mon cœur.

SCENE DEUXIE'ME.

CIRCE', PICUS, NERINE, LE PEUPLE.

CHOEURS DES PEUPLES.

REgnez jeune Heros, la gloire vous appelle
Elle a reglé nôtre choix.
Regnez, regnez sur nous ; pour prix de nôtre zele,
Nous ne voulons que vos loix.

PICUS.

Si je regne vous devez croire
Que mon rang va pour vous redoubler mon ardeur
Heureux ! si par vôtre bonheur
Je puis un jour vous payer de ma gloire.

CIRCE'.

C'eſt ce peuple aujourd'huy qui s'acquitte envers vous;
Cent fois ſes ennemis ſont tombez ſous vos coups;
Quand vous l'avez ſauvé, ſouffrez qu'il vous cou-
    ronne,
        Soyez le premier de ſes Roys;
        Regnez, l'Empire qu'il vous donne
        ſeroit détruit ſans vos Exploits.

PICUS.

C'eſt à vous que je dois ma nouvelle puiſſance,
Le ſuffrage du peuple eſt un de vos bien-faits;
        Pour premiere reconnoiſſance,
        Recevez l'aveu que j'en fais.

Circé conduit Picus à ſon Trône, & les Peuples
luy rendent leurs hommages & le reconnoiſſent
        pour leur Roy.

LE CHOEUR.

Venerable Saturne, & vous qu'il a fait naître,
Recevez nos ſermens, Arbitres des humains
Ce Heros déſormais eſt noſtre unique maiſtre,
        Nous remettons nôtre ſort en ſes mains.

        Qu'il exerce un pouvoir ſuprème:
        Qu'il nous tienne lieu de vous-même,
Le jour nous eſt moins cher que ſes commandemens,
        Vous, juſtes Dieux, lancez la foudre,
        Puniſſez, reduiſez en poudre
Le premier d'entre nous qui rompra nos ſermens.

TRAGEDIE.
PICUS.

Pere des Dieux , Auteur de ma naissance ,
Ecoûte , c'est ton fils qui t'implore à son tour.
Fais regner avec moy la paix & l'abondance ,
Qu'à jamais l'âge d'or revienne en ce sejour.

PICUS, CIRCE', NERINE.

Mais quel éclat soudain? quel nuage s'avance?
   D'où viennent dans les airs ces sons harmonieux !
   Ces doux concerts , cette magnificence
D'un Dieu propice annoncent la presence.
   Saturne nous entend , il descend en ces lieux.

PICUS.

   Seconde l'ardeur qui m'engage
   A rendre ces peuples heureux ;
   Que les peines soient mon partage
   Et que les plaisirs soient pour eux.

SATURNE accompagné des Ages.

Apprend mon fils pour qui ta voix m'implore ,
Ce peuple doit des Dieux épuiser les bien-faits ,
   Sa gloire doit aller encore
   Au delà des vœux que tu fais.

Le sort dans l'avenir me fait voir sa puissance ,
La victoire pour luy fixe son inconstance
Son nom seul fait trembler le reste des humains
   Tous les Sceptres sont dans ses mains ,
   Et tous les Rois sous son obeïssance ;

CANENTE,

Mille Heros vaincus gemissent dans ses fers,
Il ne voit que les Dieux qui puissent le détruire :
Et les bornes de son empire
Sont les bornes de l'Univers.

Ages qui me suivez, formez d'aimables jeux,
Pour celebrer leur sort, joignez-vous avec eux.

PREMIER DIVERTISSEMENT,

LES QUATRE AGES.

CHOEUR de l'Age de fer.

Allez porter par tout la guerre,
Achevez de fameux exploits,
Et forcez la terre
De se ranger sous vos loix.
Que les cris, le sang & les larmes
Que le sort contraire à vos armes
N'ébranlent jamais vos cœurs.
Que tout cede à vôtre courage
Par la force & par le carnage,
Montez au rang des vainqueurs.

CHOEUR des peuples.

Quel destin pour nous ! quelle gloire !
Redoublons nôtre ardeur,
Meritons la grandeur
Que nous destine la victoire.

SCENE TROISIE'ME.

CIRCE', PICUS.

CIRCE'.

PRince, pour couronner vos vœux,
La Gloire avec l'Amour aujourd'huy se
rassemble ;
Et l'on diroit qu'ils disputent ensemble
A qui vous rendra plus heureux.
Tout flechit sous vos loix, tout s'empresse à vous plaire,
Heureuse la beauté que vôtre cœur prefere !
Canente est cet objet charmant ?

PICUS.

Je sentis à la voir que j'avois un cœur tendre
J'aimay dés le même moment ;
Je ne voulus point m'en deffendre,
Je l'aurois voulu vainement.

CIRCE'.

Quoy ! tant d'autres pour vous n'ont que de foibles
armes.

PICUS.

Sa voix seule vaut tous leurs charmes.

Elle forme à son gré les sons les plus touchants ;
Et l'on voit chaque jour à ses aimables chants
Toute la nature attentive ,

 ## CANENTE,

Les arbres les rochers sont émus à sa voix,
Elle arrête le cours de l'onde fugitive ;
    Philomele au milieu des bois
  Pour l'écoûter suspend sa voix plaintive ;
Ses beaux yeux sont encor plus puissans mille fois,
Voilà les fers charmans où mon ame est captive.

CIRCE.

  Mais comme vous le Tibre en est charmé ;
Faût-il vous opposer à l'ardeur de son ame.

PICUS.

Pour Canente, il est vray, ce Dieu s'est enflâmé,
Mais depuis qu'il a vû que j'en étois aimé,
    Il semble avoir éteint sa flâme.

CIRCE.

Craignez, craignez toûjours sa jalouse fureur
Ne sçauriez-vous brûler d'une ardeur plus tranquille.

PICUS.

Je veux par nôtre Hymen assûrer mon bonheur.

CIRCE.

Vôtre Rival rendra ce dessein inutile.

PICUS.

Il est las de troubler le bonheur de nos feux.

Je

Je cours hâter ce jour heureux
Qui doit nous unir l'un à l'autre ;
Et l'Amour n'aura plus pour combler tous mes vœux,
Qu'à vous faire un destin aussi doux que le nôtre.

SCENE QUATRIEME.

CIRCE', NERINE.

CIRCE'.

TU le vois, de mes feux rien n'a pû l'informer,
Il ne s'apperçoit point de ma langueur extrême ;
Helas ! qu'il est loin de m'aimer,
Puisqu'il ne voit pas que je l'aime !

NERINE.

Eh bien ! laisserez-vous servir tous vos bien-faits
Au triomphe d'une Rivale ?

CIRCE'.

Tu me connois trop bien pour le penser jamais.
Brisons , brisons cette chaîne fatale
Qu'ils opposent à mes souhaits.
Je veux dans mes desseins que le Tibre s'unisse :
Il faut armer contre eux la force & l'artifice.

B

Venez transports cruels, implacable fureur
C'est l'Amour en couroux qui vous ouvre mon cœur.
  En preparant une vengeance affreuse,
Ne laiſſons voir au Roy que mes ſoins les plus doux,
Mais perçons en ſecret des plus funeſtes coups
  Une rivale trop heureuſe.
Venez transports cruels, implacable fureur
C'est l'Amour en couroux qui vous ouvre mon cœur.
Exerçons ſur la Nimphe une rage inhumaine,
Sans irriter l'amant qui me tient ſous ſes loix,
  Contentons à la fois
  Mon amour & ma haine.
Venez transports cruels, implacable fureur,
C'est l'Amour en couroux qui vous ouvre mon cœur.

Fin du premier Acte.

ACTE SECOND,

Le Theatre represente les Rivages du Tibre.

SCENE PREMIERE.

CANENTE.

Oulez tranquilles eaux, volez charmans
Zephirs,
Ne vous arrestez point ; ma voix n'a plus
de charmes ;
Mon cœur depuis qu'il aime éprouve trop d'allarmes,
L'Echo ne répond plus qu'à mes tristes soupirs.

Mon Amant aujourd'huy joüit du rang suprême ;
Je crains que sa grandeur ne borne ses desirs ;
La crainte suit toûjours une tendresse extrême,
Quand rien ne trouble mes plaisirs,
Mon cœur se plaît à se troubler luy-même.

Coulez tranquilles eaux, volez charmans Zephirs,
Ne vous arrêtez point ; ma voix n'a plus de charmes,
Mon cœur depuis qu'il aime éprouve trop d'allarmes,
L'Echo ne répond plus qu'à mes tristes soupirs.

B ij

SCENE SECONDE.
PICUS, CANENTE.

PICUS.

BElle Nimphe, j'échappe à la foule importune
Qui attache sur mes pas ma brillante fortune.
La liberté Regne en ce beau séjour.
Et nous n'avons enfin de temoin que l'Amour.

CANENTE.

Je vous revois couvert d'une nouvelle gloire,
N'affoibli-t'elle point l'amour dans votre cœur?

PICUS.

Jamais je n'ay brûlé d'une si vive ardeur,
Il faut la sentir pour la croire.

Lors que l'Amour forma mes nœuds,
Je ne concevois pas en ces momens heureux
Que vous pussiez briller d'une beauté nouvelle,
Ny rien ajoûter à mes feux.
Cependant chaque jour je vous trouve plus belle,
Et je me sens plus amoureux,

Sans vous, le jour m'est un supplice,
Loin du Temple tantôt quel soin vous retenoit?

CANENTE.

Au Dieu d'Amour j'offrois un Sacrifice
Dans le temps qu'on vous couronnoit.

Dans un cœur que la gloire enflâmé
Il reste peu de place à l'amoureuse ardeur ;
Et je priois l'Amour de deffendre vôtre ame
Contre la gloire & la grandeur.

PICUS.

Bannissez ces vaines allarmes,
Je fais tout mon bonheur de suivre vôtre Loy ,
Mon Trône perdroit tous ses charmes,
Si vous n'y montiez avec moy.

CANENTE.

Circé s'approche icy, cachons nôtre tendresse.

PICUS.

Non , ne contraignons point de si doux sentimens.

SCENE TROISIEME.

PICUS, CANENTE, CIRCE'.

PICUS.

VEnez, favorable Déesse ,
Prenez part aux transports de deux heureux amants

CIRCE'.

Aimez-vous sans mistere, aimez-vous sans allarmes,
Ne cachez plus vos tendres soins
Un bonheur sans témoins
N'a pas ses plus doux charmes.

PICUS.

L'Hymen va découvrir nôtre secret lien,
Je vais le preparer, je vous laisse Canente,
Aimez, Déesse, aimez cette Nimphe charmante,
Que son bonheur vous soit aussi cher que le mien.

SCENE QUATRIEME.

CIRCE', CANENTE.

CIRCE'

POur flatter vos desirs que reste-il à faire?
Les Dieux & les Mortels de vos yeux sont char-
mez,
Tous les biens sont renfermez
Dans l'avantage de plaire.

Le Maître de ces eaux languit sous vôtre loy,
Vous l'enflâmez au milieu de son onde.

CANENTE.

Si je n'enflâmois que le Roy,
Je joüirois encor d'une paix plus profonde.

CIRCE'.

Vous trouvez un bonheur plus grand
A choisir aujourd'huy la chaîne la moins belle ;
Mais ne craignez-vous point de regreter le rang
Où vôtre beauté vous appelle.

On entend icy une Simphonie agreable, un Rocher
s'ouvre dans le fond du Theatre, & laisse voir
un Palais magnifique qui s'approche, s'étend
& occupe enfin toute la Scene, où paroissent
aussi-tôt tous les Dieux des Ruisseaux & des
Fontaines soûmises au Tibre.

CIRCE' & CANENTE pendant le spectacle.

Qu'entens-je ? Quels charmans accords
De ces paisibles lieux troublent l'heureux silence ?
Quel Palais éclatant de ce Rocher s'avance
Qui pourroit attirer tant d'éclat sur ces bords ?

CANENTE à Circé.

Est-ce vôtre art ?

CIRCE' à Canente.

Est-ce vôtre presence ?

SCENE CINQUIE'ME.

Troupes de Dieux de Ruisseaux & de Fontaines.

UN DIEU DE LA TROUPE à Canente.

VOyez de quels sujets vous êtes souveraine.
C'est pour voir en vous nôtre Reine
Que le Tibre en ces lieux vient de nous rassembler.
Nimphe recevez nôtre hommage,
Ce n'est encor que le presage
Des honneurs éclatans dont il veut vous combler.

CANENTE.

Qu'entends-je ! que je crains ! secourez-moy Déesse.

CIRCÉ.

Nimphe redoutez moins l'honneur qu'on vous adresse.

SECOND DIVERTISSENT.

TRITONS & NEREIDES.

UN RUISSEAU.

Les Ruisseaux ont une pente
Que leur onde suit toûjours,
Une pente plus charmante
Conduit les cœurs aux Amours.
A quoy sert nôtre deffence ?
Leur pouvoir en est plus grand,
Et souvent la resistance
D'un Ruisseau fait un torrent.

CHOEUR.

Vos yeux de tous les cœurs vont troubler le repos,
Ils n'en laissent point de tranquille ;
Nos Rochers, nos Grottes, nos Flots
Ne sont pas contre eux un azile.

CANENTE.

Helas ! que je souffre en ces lieux.
Que mon cœur. . .

CIRCÉ.

Arrêtez, le Dieu s'offre à nos yeux.

SCENE

SCENE SIXIEME.
LE TIBRE, CANENTE & CIRCÉ.
LE TIBRE & CANENTE.

QUoy, lors que tout mon cœur à vos charmes se li-
vre,
Rien ne vous touche à vôtre tour ?
De l'hommage empressé que vous offre ma Cour,
Vous souhaittez qu'on vous delivre !

CANENTE.

Vous en étonnez-vous ? vous sçavez mon amour.

LE TIBRE.

C'est le mien que vous devez suivre

La Nimphe à qui l'Himen engagera ma foy
Doit par l'ordre du sort devenir immortelle :
Venez, montez au rang où l'Amour vous appelle ;
Il vous devoit un Dieu, c'étoit trop peu d'un Roy.

Vous ne répondez rien, vous vous troublez, cruelle,
Pour vous helas ! est-ce un sujet d'effroy
Que d'être immortelle avec moy.

C

CANENTE,

CANENTE.

Pour troubler une ardeur trop fidelle & trop pure
Que vous sert de m'offrir un honneur odieux ?
Dois-je monter au rang des Dieux
Par l'inconstance & le parjure ?

LE TIBRE.

Ce n'est pas l'infidelité,
C'est moy que vôtre cœur abhorre.

CANENTE.

Je sçay trop qu'un grand Dieu doit être respecté.

LE TIBRE.

Ah ! ce respect outrage un Dieu qui vous adore.

Avec le plus haut rang vous refusez ma main ;
Je connois à quel point ma tendresse vous gêne
Et c'est sur les faveurs que je vous offre en vain
Que je mesure vôtre haine.

CANENTE.

Pour un rang éclatant doit-on changer de chaîne ?

Quand un cœur est bien enflâmé,
A trahir un beau feu rien ne peut le contraindre ;
Quand la grandeur ne l'a pas allumé,
La grandeur ne sçauroit l'éteindre.

LE TIBRE.

Que vous m'apprenez bien par ces cruels discours
Le destin d'une ardeur qui vous est odieuse,
Vous êtes trop ingenieuse
A trouver des raisons pour me haïr toûjours.

Mais craignez que mon cœur ne se livre à la rage ;
Craignez le desespoir d'un amant furieux ;
Plûtôt que de souffrir un Hymen qui m'outrage
Je desoleray tous ces lieux.
Tout s'y ressentira de ma fureur extrême.
En d'horribles torrens j'y répandray mes eaux,
Et si l'Himen pour vous allume ses flambeaux,
J'iray les éteindre moy-même,
Pour porter jusqu'à vous d'affreux débordemens,
J'épuiseray mes cavernes profondes,
Et j'engloûtiray dans mes ondes
La Victime, l'Autel, le Prêtre & les Amants.

CANENTE.

Qu'ay-je entendu, quelle rage fatale ?

à Circé

Déesse à ces transports daignez vous opposer.

CIRCE'.

Connois enfin mon cœur ; c'est assez t'abuser,
   Cesse d'implorer ta Rivale.

CANENTE.

O Ciel ! c'est donc à toy de me favoriser.

CIRCE'.

Tremble, crains tout des feux que je te viens d'ap-
   prendre,
Tout mon bonheur dépend de t'arracher au Roy ;
Ce que j'ay fait pour luy doit te faire compren-
   dre
     Ce que je feray contre toy.

LE TIBRE & CIRCE'.

   Il faut répondre à mon envie.

LE TIBRE.

Il faut combler mes vœux.

CIRCE'.

     Ou craindre ma furie.

LE TIBRE.

Devenir immortelle.

CIRCE'.

Ou renoncer au jour.

CANENTE.

Vous pouvez m'arracher la vie.
Mais rien ne peut jamais m'arracher mon
amour.

CIRCE'.

Demons soûmis à mon empire
Enlevez la d'icy, volez dans mon Palais.

Les Demons enlevent Canente.

CIRCE' au Tibre.

Je vous l'ay déja dit, & je vous le promets ;
Je vais par tout mon art tacher de la reduire
A profiter de vos bien-faits.

LE TIBRE.

Mais d'un premier amour si rien ne la dégage.

CIRCE'.

Opposons, opposons la colere à l'outrage ;
Il faut que l'Amour soit vangé,
C'est au dépit, c'est à la rage
A vanger l'Amour outragé.

LE TIBRE & CIRCE'.

Oppofons oppofons la colere à l'outrage ;
* Il faut que l' Amour foit vangé,*
* C'eft au depit c'eft a la rage*
* A vanger l' Amour outragé.*

Fin du fecond Acte.

ACTE TROISIÉME.

Le Theatre represente un endroit du Palais
de Circé.

SCENE PREMIERE.
CIRCE', NERINE.
NERINE.

O N cherche Canente en tous lieux,
 Son Amant est saisi d'une douleur extrême,
  Les larmes coulent de ses yeux,
Il s'emporte, il gemit, il accuse les Dieux
  De luy ravir tout ce qu'il aime.

CIRCE'.

Ah ! Faut-il que l'ingrat aime si tendrement ?
Ma haine pour Canente en devient plus cruelle :
Je veux à cet Amour égaler son tourment.
  Si je ne la rends infidelle,
  Quelle payera cherement
Les pleurs que l'on répend pour elle !

Va, fais apprendre au Roy que la Nimphe eſt icy,
Et qu'elle doit s'unir au Tibre qui l'adore.
Va Nerine ; mais qu'il ignore
Que c'eſt de mon aveu qu'il en eſt éclairci.

Ma Rivale paroît, qu'on me laiſſe avec elle.

SCENE SECONDE.

CIRCE', CANENTE.

CIRCE'.

ENfin, Nimphe, avez-vous compris
Ce que c'eſt que d'être immortelle ?

CANENTE.

D'un bien ſi glorieux je connois tout le prix ,
Mais j'aime-mieux être fidelle.

CIRCE'.

Quoy pour le vain honneur de la fidelité
Vous mepriſez des Dieux l'avantage ſuprême ?

CANENTE.

Eſt-il un plus grand mal que l'immortalité,
Quand on vit loin de ce qu'on aime ?
Par des liens trop forts mon cœur eſt arrêté.

CIRCE'.

CIRCE'.

Pouvez-vous ne pas voir les charmes
Des honneurs que vous refusez ?
Et pouvez-vous voir sans allarmes
Les maux où vous vous exposez ?

Vous vous troublez, vous répandez des larmes.

CANENTE.

Je ne m'en deffend point, vous voyez la frayeur
Dont mon ame est atteinte,
Mais c'est sans y regner qu'elle trouble mon cœur,
Et mon amour est plus fort que ma crainte.

CIRCE'.

Eh bien, il faudra me vanger
Puisque vous voulez m'y reduire ;
Le destin de Scilla doit assez vous instruire,
Des maux que je prepare à qui m'ose outrager.

En des monstres affreux j'ay changé tous ses charmes,
On ne la voit plus sans allarmes,
Ses cris ses hurlemens troublent l'onde & les airs ;
Monument éternel de ma haine implacable,
Pour avoir été trop aimable,
Je l'ay fait devenir l'horreur de l'Univers.

Craignez, craignez une égale vengeance.

CANENTE.

S'il faut briser mes fers, je ne puis l'éviter.

CIRCE'.

Je vais pour vos tourmens épuiser ma puissance.

D

CANENTE,

CANENTE.

J'aime mieux les souffrir que de les meriter.

CIRCE'.

Ministres de mon art, vous que la rage anime,
Qui semez à mon gré l'épouvante & l'horreur;
Venez, rassemblez-vous, voilà vôtre victime;
Inventez des tourmens dignes de ma fureur.

Employez le fer & la flâme,
Faites de ce Palais un horrible séjour;
Que l'effroy, que l'horreur s'empare de son ame,
N'y laissez point de place pour l'Amour.

LE CHOEUR.

Employons le fer & la flâme
Faisons de ce Palais un horrible séjour;
Que l'effroy, que l'horreur s'empare de son ame,
N'y laissons point de place pour l'Amour.

CIRCE'.

Je vous laisse le soin de vaincre sa constance
Je vais chercher le Dieu qui s'obstine à l'aimer,
Et je reviens consommer ma vengeance,
Si son cœur plus soûmis n'aime mieux la calmer.

TROISIE'ME DIVERTISSEMENT.

Les Ministres de Circé viennent hâter sa vengeance
par des embrasemens.

SCENE TROISIEME.

Troupe de Ministres de Circé.

CANENTE.

OU suis-je ? helas ! qui prendra ma deffence ?

LE CHOEUR.

Embrazons, brûlons tout, n'offrons à ses regards
Que débris enflâmez, que ruines ardentes ;
  Et que des flâmes dévorantes
  L'environnent de toutes parts.

CANENTE.

Juste Ciel ! de ma voix daigne augmenter le charme.

 Cedez, Cruels, cedez à mes tristes accents ;
 Calmez un transport qui m'allarme ;
Laissez toucher vos cœurs, laissez charmer vos sens ;
 Que la pitié, que l'Amour vous désarme ?
Ne me preparez point de funestes buchers,
Que mes tendres accords rendent vos cœurs paisibles ;
  J'ay mille fois attendri les Rochers,
  Seriez-vous encor moins sensibles ?
 Cedez, Cruels, cedez à mes tristes accents ;
 Calmez un transport qui m'allarme ;
Laissez toucher vos cœurs, laissez charmer vos sens ;
 Que la pitié, que l'Amour vous désarme.

CHOEUR des Ministres de Circé.

Ciel ! quel enchantement odieux ! où sommes-nous ?
Quelle pitié soudaine éteint nôtre courroux ?

CHOEUR d'Amours & de Graces attirées par la voix
de Canente.

Le charme de ta voix en ces lieux nous attire,
L'embrasement s'éteint, la rage sort des cœurs;
De tes divins accens tout reconnoît l'empire,
Puissent-ils de Circé vaincre aussi les fureurs.

CHOEUR DES MINISTRES.

Quel est le charme
Qui nous desarme?
Vos chants des cœurs
Bannissent les fureurs.

CHOEUR DES GRACES.

Aimez sans cesse,
Tout vous en presse;
Un tendre amour
Trouve enfin un beau jour.

CHOEUR DES MINISTRES.

Quel est le charme
Qui nous desarme?
Vos chants des cœurs
Bannissent les fureurs.

CHOEUR DES GRACES.

Que la constance,
A de puissance,
Des doux Amours
C'est le plus sûr secours.

Les Plaisirs & les Amours s'envolent au retour de Circé.

SCENE QUATRIEME.
LE TIBRE, CANENTE, SES MINISTRES.

CIRCE' au Tibre.

VEnez, je l'ay prévû, tout est icy tranquille,
    La Nymphe se rend à vos vœux ;
Vous ne brûlerez plus d'une ardeur inutile,
Mes soins ont reüssi, vous allez être heureux.

CANENTE

Non, ce n'est point en éteignant ma flâme,
    Que j'ay desarmé leurs fureurs,
    L'effroy n'a point changé mon ame,
Mais la pitié vient de changer leurs cœurs.

CIRCE'.

    Qu'entends-je, Ministres perfides ?
Elle a pû vous toucher pour la premiere fois ?
Eh bien, lâches, il faut pour accomplir mes loix
    Vous donner des cœurs moins timides,
Devenez à l'instant des monstres furieux,
Devorez malgré vous ma Rivale à mes yeux.

Les Ministres de Circé se changent en Monstres.

LE TIBRE.

    Arrêtez, ma flâme est trop vive,
Je sens que jusques-là je ne puis la trahir :
    Mon cœur demande qu'elle vive,
    Quand ce seroit pour me hair.

CIRCE'.

Non, ma fureur ne peut vous obéïr.

CANENTE,
LE TIBRE.

Si vous attentez sur sa vie,
Tremblez, les jours du Roy me répondront des siens.

CANENTE.

Ah ! ne me vangez pas par cette barbarie.

CIRCE'.

Monstres, calmez vôtre furie ;
On menace le Roy, ses perils sont les miens.

CIRCE', LE TIBRE, CANENTE.

Quel horreur, quel supplice extrème,
Que de craindre pour ce qu'on aime !
Quel coup pour les tendres Amants !
Non, la Mort, non, les Enfers même
N'ont point de si cruels tourments.

SCENE CINQUIEME.
NERINE.
NERINE à Circé.

J'Ay servi vos desseins avec un soin fidelle,
Et Picus allarmé vous cherche en ce Palais.

CIRCE'.

Venez, vous sçaurez mes projets.

LE TIBRE.

Mais me répondez-vous....

CIRCE'.

Ne craignez rien pour elle.

Fin du troisiéme Acte.

ACTE QUATRIEME.

Le Theatre represente les Jardins de Circé.

SCENE PREMIERE.
CIRCE', PICUS.
PICUS.

Iel ! que me dites-vous? la croiray-je infidelle?
Aux dépends de mes jours veut-elle être im-
   mortelle ?
Croiray-je que l'ingrate au mépris de sa foy
   Gardoit ce prix à ma constance?
   Et se peut-il que contre moy
   Elle implore vôtre puissance ?
CIRCE'.
Vous doutez que la Gloire ait pû la dégager,
   Et je m'en étonne moy-même.
   Je comprend trop comme on vous aime,
Mais je ne comprend pas comme l'on peut changer.

PICUS.

Ah ! laissez-moy-là voir, cedez à mes allarmes ;
Laissez-moy luy montrer un dépit éclatant ;
Qu'au moins mon desespoir, mes reproches, mes lar-
mes
    Troublent le bonheur qu'elle attend.

CIRCE.

    Dois-je trahir son esperance ?
Elle fuit en ces lieux vôtre juste douleur.

PICUS.

Pourriez-vous à mes vœux refuser sa presence,
Aidez-vous la perfide à me percer le cœur ?

CIRCE.

    Cessez d'aimer une inhumaine,
    Le depit doit vous dégager,
Dans le plaisir d'une nouvelle chaîne
Vous trouveriez celuy de vous vanger.

PICUS.

Dieux ! qu'elle trahison ! quoy Nymphe trop cruelle,
    Mon Rival vous rend infidelle ?
Quoy, vous sacrifiez mes feux à ses amours ?
    Il vous est doux d'être immortelle,
Pour l'adorer sans cesse, & me haïr toûjours.

Ah ! c'en est trop, mon cœur au desespoir se livre
Cherchons un sort plus doux dans l'éternel oubly.
Cruelle, c'en est fait, je vais cesser de vivre,
    Vôtre bonheur est accompli.

Il tombe accablé de douleur, & Circé le touche de sa Baguette pour l'enchanter.

CIRCE'.

Profitons, profitons du transport qui l'accable ;
Effaçons de son cœur ses premieres amours,
Et pour forcer l'ingrat à me trouver aimable,
Employons de mon art les plus puissans secours.

Les voiles de la nuit sont mes plus fortes armes ;
Venez, sombre Deesse, & triomphez du jour,
    Et s'il se peut, pour éclairer mes charmes
      Prenez le flambeau de l'Amour.

SCENE SECONDE.
CIRCE, LA NUIT.
LA NUIT.

JE viens à ton pouvoir ajoûter ma puissance,
  Tes charmes ne vont plus trouver de resistance,
    Je les dérobe à tous les yeux,
    Sombre mystere, & vous profond silence,
    Regnez avec moy dans ces lieux.

CIRCE'.

    Esprits soumis à mon empire,
Faites briller icy de magiques clartez,
Venez verser sur luy des parfums enchantez,
Et portez dans son sein tout l'amour qu'il m'inspire.

Troupes de Magiciens & de Demons sous des formes agreables.

LE CHOEUR.

Descendez, Dieu charmant, repondez à nos voix,
Lancez, lancez vos traits, & secondez nos charmes,
Employez avec nous vos plus puissantes armes,
Soumettez ce Heros à de nouvelles loix.

CANENTE,
CIRCÉ & LA NUIT.

Amour, c'est trop troubler { mon / son } ame,

Vole, viens reparer les maux que tu { me / luy } fais,

Eteins les feux, brise les traits
Qu'on oppose à { ma / sa } flâme,

LA NUIT.

Dieu charmant, je te sers mieux que les plus beaux
   jours,
Je déploye à ton gré mes voiles les plus sombres;
   Paye aujourd'huy par ton secours
Celuy que mille fois tu receus de mes ombres.

CIRCÉ.

Des fers de ma Rivale arrache mon vainqueur,
Fais de ses premiers feux triompher ma tendresse,
Amour, que mes soûpirs desarment ta rigueur;
   C'est toy qui forme dans mon cœur
   Les vœux que je t'addresse.

CIRCÉ & LA NUIT.

Amour que { mes / ses } soûpirs desarment ta rigueur,

C'est toy qui forme dans { mon / son } cœur,

Les vœux { que je / qu'elle } t'addresse.

CIRCE'.

Le Soleil s'éclipse à ma voix
La Nuit descend quand je l'appelle,
Je commande aux monstres des bois
Alecton, à mon gré sort de l'ombre éternelle;
L'Enfer, le Ciel, la Terre est soûmise à mes loix,
L'Amour luy seul y sera-t'il rebelle?

L'AMOUR volant.

Pretends-tu me soûmettre à tes commmandemens,
Cesse de combattre sa flâme,
Le trait dont j'ay blessé son ame,
Ne peut être brisé par tes enchantemens.

CIRCE'.

Ah! si pour mon bonheur je manque de puissance,
Je n'en manqueray pas du moins pour ma vengeance.

à la Nuit.

Laissez-moy, je me livre à mes emportemens.

à part.

Feignons, laissons-luy voir de plus doux sentimens.

Elle touche Picus.

SCENE TROISIEME.
PICUS & CIRCE'.
PICUS.

JE vis encor, le Ciel me condamne à la vie,
Je reprends à la fois mes sens & ma langueur;
J'adore encore Canente aprés sa perfidie,
L'Amour se plaît pour elle à déchirer mon cœur.

E ij

CIRCE'.

Il faut vous detromper, vôtre Nymphe est fidelle.

PICUS.

Vous l'accusiez d'une perfide ardeur ?

CIRCE'.

Je vous aime, & l'Amour m'avoit armé contr'elle,
Mais je cede à vos feux, il faut vous rassurer,
L'Amour a fait mon crime, il va le reparer.

PICUS.

Ah ! rendez-moy Canente & cet effort suprême...

CIRCE'.

Je feray plus, je veux vous unir dés ce jour.
Connoissez tout mon cœur, je sens que je vous aime,
Jusqu'à pouvoir pour vous immoler mon amour.

PICUS.

Aprés tant d'artifice, ô Dieux, vous puis-je croire ?

CIRCE'.

Croyez-moy, j'en atteste & l'Amour & la Gloire.
Allons à vôtre Nymphe annoncer ce bonheur.

A part,

Qu'ils sçavent peu l'Hymen qu'apprête ma fureur.

Fin du quatriéme Acte.

ACTE CINQUIE'ME.

Le Theatre represente un Antre horrible.

SCENE PREMIERE.

CIRCE'.

Vous, cruelles sœurs, noires Filles du Stix,
Eumenides, quittez le tenebreux rivage,
Venez, répondez à mes cris,
J'implore toute vôtre rage.

Allumez vos flambeaux, irritez vos serpens ;
Que l'homicide fer dans vos mains étincelle :
Egalez vos fureurs à celles que je sens,
L'Amour au desespoir par ma voix vous appelle.

O vous, cruelles sœurs, noires Filles du Stix,
Eumenides, quittez le tenebreux rivage,
Venez, répondez à mes cris,
J'implore toute vôtre rage.

Les FURIES *sortent des Enfers.*

LES FURIES.

Ordonne, nous t'obeïssons ;
Des plus grands criminels nous suspendons les peines,
Console-nous par des loix inhumaines
Du repos où nous les laissons.

CIRCE'

Vos fureurs ne seront pas vaines,

Deux amants sur ma foy viennent de s'assûrer
Que leurs flâmes vont estre heureuses.
Ils pensent voir l'hymen prest à les éclairer ;
Mais je ne veux que vous pour ces nopces affreuses,
C'est à vous de les celebrer.

LES FURIES.

Quel plaisir de servir le couroux qui t'entraîne !
Unissons, unissons ces Amants malheureux
Sous les auspices de la haine ;
Que nos flambeaux forment leurs feux,
Que nos serpens forment leur chaîne.

CIRCE'.

Que ce transport à mes yeux est charmant,
Mais sur Canente seule il faut qu'il se signale ;
Il faut immoler ma rivale
Et respecter les jours de mon amant.

Pour les tromper que ce lieu s'embelliſſe,
Vous, paroiſſez ces Dieux qu'attendent leurs deſirs,
Et ſous la forme des plaiſirs
PrepareZ un affreux ſupplice.
L'Antre ſe change en un Palais éclattant, Alecton prend
la forme de l'Hymen, & toutes les Furies, celles
des Jeux & des Plaiſirs.

SCENE SECONDE.
CIRCE', LE TIBRE.
LE TIBRE.

INhumaine Déeſſe, à quoy conſentez-vous ?
Quoy, vous comblez du Roy les deſirs les plus doux,
Par vous ſon bonheur ſe prepare ?
Eh ! que vous ay-je fait, barbare,
Pour me porter de ſi ſenſibles coups ?
CIRCE'.
Calmez cet injuſte courroux.
Dans ces plaiſirs trompeurs connoiſſeZ les Furies,
Et jugez quel Hymen j'apprête à ces Amants.
LE TIBRE.
Ah ! je comprends vos barbaries ;
Mais ce n'eſt pour mon cœur que changer de tourmens.

Canente periroit, ô Dieux ! ſon Hymen même
Ne m'avoit pas troublé d'un plus cruel tranſport.
C'eſt un ſupplice égal de voir ce que l'on aime
Dans les bras d'un Rival ou dans ceux de la Mort.

CIRCÉ.

Que mon amour est different du vôtre;
Malheur à qui me fait souffrir.
Le Roy n'a pû m'aimer, il m'en prefere une autre,
Il ne sçauroit trop tôt mourir.

LE TIBRE.

Eh! qu'il soit donc le seul que vôtre amour punisse.

CIRCÉ.

Ne craignez point que Canente perisse,
Je prepare à l'ingrat des coups plus inhumains;
Je veux pour combler son supplice,
Qu'il voye en expirant son Amante en vos mains.

LE TIBRE.

Ah! si c'est là vôtre vengeance
J'en attends le succés avec impatience.

CIRCÉ.

On vient, j'apperçois ces Amants.

Au Chœur.

Secondez leurs transports par des concerts charmants.

SCENE,

SCENE TROISIEME.

CIRCE', LE TIBRE, PICUS, CANENTE.
LE CHOEUR.

V Enez, venez former la chaine la plus belle.
Joüissez d'un bonheur constant,
L'Amour vous appelle ,
L'Hymen vous attend.

CIRCE' à Picus & à Canente.

Venez, qu'un nœud charmant vous joigne l'un à l'autre.
Le Tibre comme moy fait son bonheur du vôtre.

LE TIBRE & CIRCE'.

Quand nous triomphons de nos feux ,
Le prix de nôtre effort est de vous voir heureux.

PICUS & CANENTE.

Cet effort genereux passe nôtre esperance ;
A de nouveaux respects il doit nous engager ;
Nôtre cœur va se partager
Entre l'Amour & la reconnoissance.

CINQUIEME ET DERNIER DIVERTISSEMENT.
LES FURIES sous la forme des Plaisirs.
LE CHOEUR.

Soûpirez , jeunes cœurs, formez d'heureux desirs ,
Qui resiste à l'Amour, se refuse aux plaisirs.

CANENTE.

L'Hymen suit nos allarmes ,
Nos malheurs sont finis ;
Bienheureuses les larmes
Dont il donne le prix.

F

PICUS.

L'Amour calme nos peines,
Et l'Hymen est pour nous ;
Quand ils joignent leurs chaînes,
Que le poids en est doux.

LE CHOEUR.

Si l'Amour nous soûmet, c'est en charmant nos cœurs,
Les chaînes de l'Amour sont des chaînes de fleurs.

CANENTE.

Venez, Amour, venez reparer vos rigueurs,
Regnez à jamais dans mon ame ;
Et pour tout le prix de mes pleurs
Venez serrer ma chaîne & redoubler ma flâme.

PICUS.

Amour, je suis épris d'un si charmant lien,
Et chaque instant m'enchante encore ;
Quels yeux t'inspirent mieux que les yeux que j'adore ?
Quel cœur te sent mieux que le mien ?

PICUS & CANENTE.

Que rien ne brise nôtre chaîne ;
Que de nos feux rien ne borne le cours ;
Que la cruelle Mort, que la Parque inhumaine
Ne puisse triompher de nos tendres amours.

Alecton sous la forme de l'Hymen s'approche pour
unir Picus & Canente, & porte son flambeau
sur la Nymphe.

L'HYMEN.

Jeunes Amants, prenez les plus doux de mes nœuds ;
Que vos tendres feux
Soient les plus durables
Et les plus heureux.
Soyez toûjours aimables
Et toûjours amoureux.

CANENTE empoisonnée par Alecton.

Où suis-je? quels transports! quelles douleurs soudaines!
Quel poison devorant se repand dans mes veines !

LE TIBRE & PICUS.

O Dieux.

CANENTE.

Je vois, je sens tout l'Enfer en courroux ;
Cet Hymen, ces plaisirs sont d'affreuses furies ;
Prince, fuyez leurs barbaries,
Fuyez, laissez-moy seule expirer sous leurs coups.

LE TIBRE & PICUS.

Que vois-je? on me trompoit, la douleur vous accable.
Ah ! quel desespoir ! quelle horreur !

LE TIBRE, PICUS & CANENTE.

Inhumaine Circé, furie impitoyable,
Sont-ce-là les plaisirs dont vous flatiez mon cœur ?

PICUS.

Laissez-vous attendrir, calmez sa peine affreuse.

CIRCE'.

Tu la plains, elle est trop heureuse :

CANENTE,

Tous quatre.

Ah ! quel desespoir ! quelle horreur !

CANENTE.

Cher Prince, c'en est fait vous me voyez mourante,
La douleur vous arrache une fidelle amante,
Circé nous a trahi, mais malgré ses fureurs
L'Amour suit aux Enfers mon ame fugitive,
Et ma flâme pour vous ne fut jamais si vive,
Qu'au moment que je meurs.

LE TIBRE & PICUS.

Que deviendray-je ? ô Ciel !

Le Tibre suit Canente qu'on emporte, & Picus continuë.

PICUS à Circé.

Il faut que je la suive
Malgré vos barbares efforts
Inhumaine, je vais la joindre chez les Morts.

CIRCE.

C'est vainement que ton amour l'espere
Mon depit à jamais veut separer vos cœurs ;
Vole, fuis malgré toy la mort qui t'est si chere ;
Va nourrir dans les airs d'éternelles douleurs.

Picus est changé en Pivert.

CIRCE aux Furies.

Vous, en vous replongeant au tenebreux rivage,
De mon cœur s'il se peut, arrachez son image.

Les Furies en disparoissant détruisent le Palais, qui ne
servoit qu'à tromper Picus.

Fin de la Tragedie.

9 782329 268293